DISCOVRS
MIRACVLEVX
ET VERITABLE
D'VN TVRC,

Lequel par derision frappa l'Image
d'vn Crucifix d'vn coup de Cimeterre, dont en ruissela le sang.

Et ledit Turc demeura sur la place, sans se
pouuoir bouger, iusques à ce qu'il eut fait
vœu de se faire Chrestien.

Ce qui arriua le 13. iour de Ianuier 1609.

Et à l'occasion de ce miracle, plusieurs de la vallee
de Crosac (qui contient quarante lieuës de long)
se sont faits Chrestiens en nombre de douze mille
hommes, sans comprendre les femmes & enfans.

A PARIS,
Iouxte la coppie Imprimée à Venise,
& depuis à Troyes.

M. DCIX.

DISCOVRS MIRACVLEVX
ET VERITABLE D'VN

Turc, lequel par derifion frappa
l'Image d'vn Crucifix , d'vn
coup de Cimeterre, dont en
ruiffela le Sang.

I l'on vouloit icy def-
duire & raconter la vie
de tous ceux qui ont
fenty la fureur diuine,
lors qu'ils fe font
ingerez de s'attaquer ou profaner
les Reliques & chofes Sainctes ; ce
feroit pluftoft vouloir faire vn volu-
me que non pas vn difcours. Seule-

A ij

métie me côtéteray de vous alleguer celle de Baltazar, fils du grád Nabuchodonofor, tiree de la Saincte Efcriture, lequel polluant les vaiffeaux du Sainct Temple vid cefte main celefte, efcriuant contre la paroy de la fale où il feftiuoit, l'arreft diuin portant fa totalle perte.

Et pour preuue certaine, amy Lecteur, tu feras aduerty qu'vn Iuif de Piedmont, s'eftát ingeré de vouloir frapper vne Image de la Vierge Marie, le bras dont il la vouloit frapper demeura accroché contre ladicte Image, iufques à ce que la Iuftice dudict lieu eut recogneu fon excez, & luy condamné à eftre bruflé tout vif. C'eft doncques vne grande

outrecuidáce,de se vouloir attaquer
contre la toute-puissance:Car les ap-
parences en sont manifestes, & de
fraische memoire,comme on vous
fera voir par ce Discours,touchant
vn miracle,lequel a autant apporté
de profit au Christianisme,& appor-
te par la grace de Dieu tous les iours,
qu'aucun miracle de long temps.

LE grand Turc en ces dernieres
guerres a faict plusieurs rauages,
mesme à ce Printemps dernier contre les Grecs, ayant prins plusieurs
de leurs villes, mesme la forte
ville de Sarcot, estant à la bouche
de la valee de Crosac. Et ayant mis
garnison de Turcs en icelle,vn d'i-
ceux,natif de Darboc en la Natolie,
ayant veu en vne petite Chapelle

la venerable Image d'vn Crucifix,
dit en son langage à ses compagnós:
*Ie veux sçauoir si la figure du Dieu des
Chrestiens ne me fera point de resistance:*
Ayant dit ce, il tira son Cimeterre, &
de toute sa force vint à en bailler
contre la teste de l'Image du Crucifix: soudain qu'il eut baillé le coup,
l'Image saigna de toutes les cinq
playes, & luy miraculeusement fut
enfouy dans la terre, iusques au mi-
lieu du corps, & n'eut pouuoir d'en
sortir, sans que au prealable il
eust promis de se faire Chrestien,
& renonçer à sa maudite Loy. Le
Gouuerneur du lieu, qui se nomme
le Bassa Bracod, ayant sçeu & veu ce
miracle, s'est faict Chrestien, luy &
toute sa famille, & a mis en liberté

tous les Chrestiens qu'il detenoit
captifs.

Là proche est vn Conuent de l'ordre de Sainct Fráçois des reformez,
lesquelz en payant tribut estoiét de-
meurez en leur entier, lesquels bons
Religieux allerent venerablemét re-
cueillir le Sang, estant auertis de ce
miracle, & l'ont mis en vn Sainct re-
liquaire là où se font plusieurs beaux
miracles.

Aussi ils firent baptiser le Turc,
lequel monstre d'auoir en luy vne
grande contrition, & la plus-part du
téps ne faict que mediter : Et depuis
le treiziesme Ianuier n'ont cessé les
bons Religieux de faire des predica-

tions, qui ont apporté vn tres-beau fruit, par la grace de Dieu: car presque toute ceste grande vallee de Crosac, où y habite du moins cinquante mil hommes, la plus-part ont reçeu le Christianisme, & tous les iours s'en conuertit nouuellement.

La Royne de Carbec, distant de ceste vallee de vingt-quatre lieuës, estát malade d'vn flux de sang, escriuit vne lettre au Prouincial de l'ordre de ces Religieux, nommé *Pater Benedicto Doroso* , auquel elle mandoit comme elle estoit grandement affligee d'vn flux de sang, & qu'elle auoit sçeu le miracle qui s'estoit faict: & que tous les iours le precieux Sang

qui estoit espandu faisoit des miracles,& guerissoit plusieurs infirmitez
de maladies,le suppliát tres-instam-
ment de luy en faire porter : & si tant
est qu'elle guerisse par ce moyen,elle
promettoit se faire Chrestienne. Ce
bon Religieux & Pere Gardien ayant
veu ladicte lettre,fit tenir le Chapi-
tre,où fut dict d'en mettre vne gou-
te dans vne phiole,& y enuoyer deux
freres Religieux,sçauoir *Frater Vin-
centio Carlo* , & *Frater Stephano Cor-
bely* , & ayant reçeu benignement
ladicte charge,vindrent audict lieu,
& y arriuerent le neufiesme dudict
mois:&apres auoir celebré la Saincte
Messe,vindrent voir ladicte Royne
de Carbec,& l'ayant touchee fut miraculeusement guerie, & s'est con-

B

uertie à la Foy Chreſtienne , elle & toute ſa famille.

Ceſte Royne eſt veſue, & ſœur du grād Aſcofa Roy des Arabes:ſon Royaume dure deux cēts trente mille de long , & cent cinquante mille de large, fort fertile, garnie de pluſieurs bonnes villes fortes,& de bóne deffenſe : elle a moyen de mettre en moins de vingt-quatre heures cent mil hommes en bataille. Depuis qu'elle a reçeu le Chriſtianiſme, elle n'a autre deſir que tout ſon peuple en face de meſme. Elle a eſcrit à ſa Saincteté auec ces bons Peres Religieux pour y enuoyer des Preſtres,& gens de Religion,à celle fin d'y pouruoir. Le dixneufiéme Ianuier ſa Sain-

eteté reçeut les nouuelles à Rome, où
fut chanté le *Te Deum laudamus*, par
resiouïssance : & où plusieurs Religieux vont ordinairement s'embar-
quer, pour aller audict lieu.

Aussi la Seigneurie de Venise y
mande de son costé plusieurs grandz
personnages, pour tascher d'agran-
dir le Christianisme. Dieu par sa
Saincte grace les inspire tellement de
son Sainct Esprit, qu'ilz s'y puissent si
bié conduire que ce soit à son honneur & gloire, & à l'auancement de
la foy Chrestienne, extirpation de la
secte Mahometiste, laquelle a desia
tant duré, & malheureusemét seduit
& empoisonné les 3. parts du móde:

que nos Prieres & Oraiſons bandét
tellement à la deſtruction de ceſte
ſecte maudite, qu'il plaiſe à la toute-
puiſſance qu'elle s'aboliſſe, & que le
tout ſoit à ſon honneur & gloire.
Amen.

I · N · R · I
IN HOC SIGNO VINCES